W0297718

RICE

RIZ AU LAIT

crémeux comme on l'aime

Sophie Monti

photographies d'Olivier Malingue

stylisme d'Élodie Rambaud

LES PETITS PLATS
MARABOUT
ORIGINAUX & AUTHENTIQUES
DEPUIS L'AN 2000

LES CLASSIQUES VANILLÉS
les différentes recettes de base

LES CLASSIQUES + UN GOÛT TOUT SIMPLE

LES KITS À PRÉPARER FACILEMENT

LES CRISPIS QUI CROUSTILLENT

LES FRUITIERS ET LES POTAGERS

LES SALÉS

À FAIRE AVEC DU RIZ AU LAIT

les ingrédients

le riz

Pour réussir le riz au lait, une seule exigence : le choix du riz ! L'incontournable est le « riz caroline », un riz glacé de qualité supérieure. C'est un riz rond, poli et enrobé d'une fine couche de talc (il est préférable de le rincer avant utilisation), qui cuit lentement et a une grande capacité d'absorption. Il devient fondant tout en gardant un cœur ferme et beaucoup de tenue.

Les riz ronds de type arborio ou carnaroli conviennent mieux pour les risottos. Exceptionnellement, ils peuvent être utilisés pour le riz au lait, mais bon… préférez le riz glacé !

Pour le goût, vous pouvez choisir un riz complet ou demi-complet. Et s'il est bio, c'est encore mieux… Seul le temps de cuisson changera, un peu plus long.

le sucre

Pour le sucre, variez couleurs, textures, arômes, tout marche dans le riz au lait : sucre de canne, vergeoise, cassonade, sucres aromatisés, blancs, blonds, roux, muscovado…

Testez le poudré du sucre glace, le moelleux de la vergeoise, l'effet grain de sable du sucre de canne, croquant sous la dent… Tout dépend de la recette et de l'effet recherché : pour mettre en avant le côté lacté, blanc et pur du riz au lait, un sucre blanc conviendra à merveille. Un riz au lait-faisselle juste accompagné d'un sucre puissant, tel que le muscovado, devient un dessert très aromatique…

blanc : sucre de canne purifié et cristallisé. Il est aussi appelé cristal ou semoule, en fonction de la taille de ses cristaux.

glace : sucre blanc moulu en poudre fine (sucre impalpable).

roux : sucre de canne, brut, non raffiné.

blond : sucre de canne, non raffiné, dont on a retiré une partie de la mélasse.

cassonade : sucre granuleux obtenu après cristallisation d'un sucre de canne.

candi : gros cristaux obtenus par la cristallisation lente d'un sirop de sucre de canne.

muscovado : sucre de canne non raffiné, brun foncé. Son fort taux de mélasse lui donne une saveur très prononcée.

vergeoise : sucre issu du sirop de betterave.

miel : moins calorique que le sucre (son indice glycémique a une incidence plus faible sur le taux de sucre dans le sang), il offre par ailleurs une saveur intense aux recettes.

sirop d'agave : édulcorant naturel au goût assez doux, produit à partir de l'agave bleue (plante d'origine mexicaine).

sirop d'érable : obtenu par évaporation de l'eau d'érable (sève brute) contenant naturellement du saccharose, il parfume intensément les préparations.

le lait

Suivant les goûts, les besoins ou les tolérances, le lait peut être de vache, de chèvre, de soja, de coco, d'amande… entier ou pas, concentré, écrémé… tout marche avec le riz au lait.

Un lait entier donnera un dessert plus crémeux, une saveur plus fermière, plus « riche » qu'un lait de soja… Certains vous diront plus goûteux !

la vanille

Préférez la vanille en gousse, à la saveur intense et aux petites graines noires qui contrastent sur le riz blanc. Choisissez une gousse charnue et épaisse.

La vanille en poudre marche aussi, quant à l'extrait, il peut dépanner, mais sa base est toujours alcoolique.

AUX ÉLÈVES DES ÉCOLES
IL EST DÉFENDU

les ustensiles

verre doseur ou balance : la base pour toutes les recettes.

2 casseroles, dont 1 à fond épais : pour isoler le lait de la source de chaleur directe et obtenir une cuisson très douce.

cuillère en bois : pour remuer le riz au cours de la cuisson !

passoire à fines mailles : pour filtrer et obtenir une consistance lisse et fine.

fouet à main : pour mélanger tout en aérant. Et pour battre éventuellement la crème en chantilly légère ou les blancs d'œufs en neige (avec un peu d'huile de coude, ça marche !).

fouet électrique : pour monter chantilly et œufs en neige bien ferme, très vite.

siphon : idéal et rapide pour obtenir une chantilly aérée et jolie, indispensable pour l'espuma.

poche à douille : permet de déposer de façon précise les préparations tout en leur donnant la forme de son choix.

les gestes de base

rincer le riz

En le lavant, on enlève une partie de l'amidon et la poussière qui étouffe l'odeur du riz.

« crever » le riz

C'est l'étape clé, qui permet de décupler le pouvoir absorbant du riz ! Il s'agit de le blanchir 3 minutes à l'eau bouillante et de bien l'égoutter, avant de poursuivre sa cuisson dans le lait.

Cette étape peut aussi être réalisée à la poêle, avec un morceau de beurre : faire chauffer le riz jusqu'à ce qu'il devienne légèrement translucide sur son pourtour (environ 5 minutes).

les trucs

SOS le riz attache

Baisser le feu. Ne jamais laisser le fond de la casserole brûler, au risque de dénaturer le goût du riz.

SOS le riz est trop liquide

En fin de cuisson, le laisser reposer hors du feu. Le riz devrait terminer de gonfler seul. Au bout de 1 heure, s'il est toujours liquide, l'égoutter un peu.

SOS le riz est trop dense

Rajouter du lait (ou de la crème) et mélanger délicatement. Rectifier jusqu'à obtention de la texture souhaitée.

bon à savoir

conservation

Le riz au lait est encore bon le lendemain. Il se conserve au frais pendant 2 jours, mais plus on le garde et plus il se densifie, perdant ainsi de son charme !

quantités

Avec 120 g de riz et 1 litre de lait, on obtient un dessert pour 8 personnes.

PRÉPARATION 5 MINUTES – CUISSON 40 MINUTES

riz au lait grand-mère

le classique vanillé

POUR 8 PETITS POTS

120 g de riz rond
100 g de sucre en poudre
1 gousse de vanille
1 l de lait entier

1. Crever le riz : le rincer sous l'eau froide, l'égoutter puis le verser dans l'eau bouillante pour 3 minutes. Égoutter et réserver.

2. Verser le sucre dans une casserole à fond épais. À l'aide d'un couteau pointu, fendre la gousse de vanille sur toute sa longueur, gratter l'intérieur et ajouter les graines au sucre (conserver la gousse dans un bocal de sucre, elle le parfumera).

3. Verser un peu de lait sur le sucre et délayer à l'aide d'un fouet.

4. Ajouter le riz « crevé » et le reste de lait, mélanger le tout puis mettre à chauffer à feu doux en remuant régulièrement. Lorsque l'ébullition se prononce, la maintenir à bas régime. Le riz doit ainsi cuire une quarantaine de minutes.

5. Servir dans de gros bols et déguster encore tiède avec une cuillère en bois.

Ce riz tout simple se parfume à volonté. En été, il s'accompagne agréablement de fruits frais, et en hiver de biscuits émiettés et de fruits secs torréfiés.

PRÉPARATION 10 MINUTES – CUISSON 40 MINUTES

chantilly

POUR 8 PETITS POTS

120 g de riz rond
100 g de sucre en poudre
1 gousse de vanille
1 l de lait entier

chantilly au fouet

200 g de crème fraîche
5 cl de crème fleurette
20 g de sucre glace
½ gousse de vanille
1 pincée de sel

chantilly au siphon (50 cl)

25 cl de crème fleurette
20 g de sucre glace
1 pincée de sel
½ gousse de vanille

1 passoire fine
1 cartouche de gaz
1 fouet électrique
ou 1 siphon

1. Crever le riz : le rincer sous l'eau froide, l'égoutter puis le verser dans l'eau bouillante pour 3 minutes. Égoutter et réserver.

2. Verser le sucre dans une casserole à fond épais. À l'aide d'un couteau pointu, fendre la gousse de vanille sur toute sa longueur, gratter l'intérieur et ajouter les graines au sucre (conserver la gousse dans un bocal de sucre, elle le parfumera).

3. Verser un peu de lait sur le sucre et délayer au fouet.

4. Ajouter le riz « crevé » et le reste de lait, mélanger puis mettre à chauffer sur feu doux en remuant régulièrement. Lorsque l'ébullition se prononce, la maintenir à bas régime. Le riz doit ainsi cuire une quarantaine de minutes.

pour la chantilly méthode fouet électrique :

5. Sortir les crèmes du réfrigérateur et les verser dans un saladier. Ajouter le sucre, les graines de vanille et le sel. Mêler le tout afin de rendre le mélange homogène, puis fouetter jusqu'à ce qu'il devienne mousseux et ferme.

pour la chantilly méthode siphon :

5. Verser le sucre, les graines de vanille et le sel dans un saladier, mélanger. Ajouter la crème fleurette bien froide, mélanger puis filtrer pour éliminer toutes traces de résidus. Verser dans le siphon, le fermer, insérer la capsule de gaz et secouer fort. Positionner la tête en bas et appuyer sur le piston.

6. À l'aide d'une spatule, incorporer délicatement la crème Chantilly au riz au lait, en soulevant bien ce dernier afin de l'aérer.

Ce riz au lait se parfume à volonté.

L'ajout de crème Chantilly va donner un riz au lait plus aérien mais pas moins riche. C'est un peu comme un fontainebleau (fromage blanc + chantilly).

PRÉPARATION 5 MINUTES – CUISSON 40 MINUTES

mascarpone

POUR 8 PETITS POTS

120 g de riz rond
100 g de sucre en poudre
1 gousse de vanille
1 l de lait
125 g de mascarpone

1. Crever le riz : le rincer sous l'eau froide, l'égoutter puis le verser dans l'eau bouillante pour 3 minutes. Égoutter et réserver.

2. Verser le sucre dans une casserole à fond épais. À l'aide d'un couteau pointu, fendre la gousse de vanille sur toute sa longueur, gratter l'intérieur et ajouter les graines au sucre (conserver la gousse dans un bocal de sucre, elle le parfumera).

3. Incorporer ensuite le mascarpone. Mélanger. Allonger avec un peu de lait puis délayer à l'aide d'un fouet en versant au fur et à mesure la totalité du lait.

4. Ajouter le riz « crevé ». Mélanger le tout puis mettre à chauffer sur feu doux en remuant régulièrement. Lorsque l'ébullition se prononce, la maintenir à bas régime. Le riz doit ainsi cuire une quarantaine de minutes.

Ce riz au lait se parfume à volonté.

Le mascarpone (crème fraîche chauffée, caillée et citronnée) peut être remplacé par la même quantité de crème fraîche. Ne mettre alors que 75 cl de lait car la crème fraîche se liquéfie quand on la chauffe. La crème fraîche donne une texture un peu moins dense et une saveur moins « fromagée », plus douce.

PRÉPARATION 5 MINUTES – CUISSON 40 MINUTES

faisselle

POUR 8 PETITS POTS

120 g de riz rond
100 g de sucre en poudre
1 gousse de vanille
1 l de lait
125 g de faisselle

1. Crever le riz : le rincer sous l'eau froide, l'égoutter puis le verser dans l'eau bouillante pour 3 minutes. Égoutter et réserver.

2. Verser le sucre dans une casserole à fond épais. À l'aide d'un couteau pointu, fendre la gousse de vanille sur toute sa longueur, gratter l'intérieur et ajouter les graines au sucre (conserver la gousse dans un bocal de sucre, elle le parfumera).

3. Verser un peu de lait et délayer à l'aide d'un fouet.

4. Ajouter le riz « crevé » et le reste de lait. Mélanger le tout puis mettre à chauffer sur feu doux en remuant régulièrement. Lorsque l'ébullition se prononce, la maintenir à bas régime. Le riz doit ainsi cuire une quarantaine de minutes.

5. À mi-cuisson, incorporer la faisselle petit à petit, en mélangeant énergiquement. Remuer régulièrement jusqu'à la fin de la cuisson.

Ce riz se parfume à volonté.

La faisselle peut être remplacée par la même quantité de ricotta. Les deux sont des fromages égouttés, la ricotta l'est un peu plus.

PRÉPARATION 20 MINUTES – CUISSON 40 MINUTES

crème anglaise

POUR 8 PETITS POTS

120 g de riz rond
100 g de sucre en poudre
½ gousse de vanille
1 l de lait entier

crème anglaise

125 g de sucre en poudre
3 jaunes d'œufs
25 cl de lait
½ gousse de vanille
1 cuillère à café de fécule de pomme de terre

1. Crever le riz : le rincer sous l'eau froide, l'égoutter puis le verser dans l'eau bouillante pour 3 minutes. Égoutter et réserver.

2. Verser le sucre dans une casserole à fond épais. Ajouter les graines de la demi-vanille puis verser un peu de lait et délayer à l'aide d'un fouet.

3. Ajouter le riz « crevé » et le reste de lait. Mélanger le tout puis mettre à chauffer sur feu doux en remuant régulièrement. Lorsque l'ébullition se prononce, la maintenir à bas régime. Le riz doit ainsi cuire une quarantaine de minutes.

4. Aux trois quarts de la cuisson du riz, démarrer la crème anglaise. Verser le lait dans une casserole, ajouter les graines de la demi-gousse de vanille, puis mettre à chauffer. À part, mélanger les jaunes d'œufs, le sucre et la fécule de pomme de terre, puis verser le lait bouillant. Délayer, remettre sur feu doux et remuer doucement jusqu'au point d'ébullition, mais sans faire bouillir. Retirer du feu.

5. Incorporer la crème anglaise au riz au lait, bien mélanger et laisser tiédir.

Ne pas mélanger la crème anglaise au riz mais la servir en accompagnement.

PRÉPARATION 3 MINUTES – CUISSON 1 BONNE HEURE

la recette au four

riz au lait façon teurgoule

POUR 1 GRAND PLAT

120 g de riz rond
100 g de sucre roux en poudre
½ cuillère à café de cannelle en poudre
1 l de lait
10 g de beurre ramolli

1 plat allant au four

1. Préchauffer le four à 180 °C. Beurrer le plat.
2. Crever le riz : le rincer sous l'eau froide, l'égoutter puis le verser dans l'eau bouillante pour 3 minutes. Égoutter et réserver.
3. Dans un récipient, mélanger le sucre et la cannelle. Ajouter le riz et mélanger de nouveau.
4. Faire glisser délicatement le tout dans le plat. Bien répartir puis verser dessus le lait en filet. Enfourner pour 1 heure environ.
5. Servir dans le plat de cuisson et découper de belles parts.

Au fil de la cuisson, le riz se couvre d'une peau qui dore lentement jusqu'à prendre une belle couleur ambrée. Cette peau protège le riz (il cuit ainsi lentement, un peu comme à l'étouffée) et permet au mélange lait-sucre de se transformer petit à petit en une sorte de confiture de lait, qui donne toute sa saveur et son onctuosité à ce dessert.

PRÉPARATION 10 MINUTES – CUISSON 40 MINUTES

riz au lait au chocolat

POUR 8 PETITS POTS

120 g de riz rond
100 g de sucre en poudre
1 l de lait
200 g de chocolat noir
beurre salé

1. Crever le riz : le rincer sous l'eau froide, l'égoutter puis le verser dans l'eau bouillante pour 3 minutes. Égoutter et réserver.

2. Verser le sucre et 100 g de chocolat dans une casserole à fond épais. Ajouter un peu de lait, mettre à chauffer et fouetter de façon à bien délayer le chocolat.

3. Incorporer le riz et le reste de lait. Mélanger et poursuivre la cuisson sur feu doux en remuant au fouet régulièrement. Lorsque l'ébullition se prononce, la maintenir à bas régime. Le riz doit ainsi cuire une quarantaine de minutes.

4. Un peu avant de servir, remplir d'eau le fond d'une casserole. Y plonger une autre casserole de taille inférieure contenant 100 g de chocolat et une noisette de beurre. Chauffer à feu doux et faire fondre lentement au bain-marie.

5. Au dernier moment, napper légèrement le riz au lait avec le chocolat fondu et proposer le reste en accompagnement.

Cette recette peut également se faire en proposant le riz au lait nature et le chocolat en coulis. Pour une recette très chocolat noir, moduler la dose de sucre suivant le goût.

PRÉPARATION 20 MINUTES – CUISSON 40 MINUTES

comme un cappuccino

POUR 8 PETITS POTS

120 g de riz rond
100 g de sucre en poudre
1 l de lait
6 cuillères à soupe de café lyophilisé

chantilly

250 g de crème fraîche épaisse
10 cl de crème fleurette
20 g de sucre glace
½ gousse de vanille
1 pincée de sel

1 poche à douille
1 fouet électrique

1. Crever le riz : le rincer sous l'eau froide, l'égoutter puis le verser dans l'eau bouillante pour 3 minutes. Égoutter et réserver.

2. Verser le sucre et 4 cuillères à soupe de café dans une casserole à fond épais. Ajouter un peu de lait et délayer à l'aide d'un fouet. Bien faire mousser.

3. Incorporer le riz et le reste de lait, mélanger le tout puis mettre à chauffer sur feu doux en remuant régulièrement. Lorsque l'ébullition se prononce, la maintenir à bas régime. Le riz doit ainsi cuire une quarantaine de minutes.

4. Verser les crèmes fraîche et fleurette bien froides dans un saladier. Ajouter le sucre, les graines de vanille et le sel. Mêler le tout afin de rendre le mélange homogène puis fouetter jusqu'à ce qu'il devienne mousseux et ferme. Diviser la chantilly en deux. Réserver la première moitié dans un bol au réfrigérateur et garnir la poche à douille de la seconde moitié. La réserver également au réfrigérateur.

5. Saupoudrer le fond des ramequins de poudre de café, en prenant soin d'en conserver un peu pour la décoration finale.

6. À l'aide d'une spatule, incorporer délicatement la crème chantilly du bol au riz au lait refroidi en soulevant bien ce dernier afin de l'aérer.

7. Remplir les ramequins de riz jusqu'à 1 cm du bord. Sortir la poche à douille du réfrigérateur puis garnir généreusement de chantilly chaque ramequin en faisant une jolie spirale. Conserver au frais.

8. Au moment de servir, saupoudrer les ramequins d'un peu de poudre de café.

PRÉPARATION 20 MINUTES – CUISSON 40 MINUTES

au caramel au beurre salé

POUR 8 PETITS POTS

120 g de riz rond
100 g de sucre roux en poudre
½ gousse de vanille
1 l de lait

caramel

150 g de sucre roux en poudre
10 cl de jus de pomme
50 g de beurre salé

1. Crever le riz : le rincer sous l'eau froide, l'égoutter puis le verser dans l'eau bouillante pour 3 minutes. Égoutter et réserver.

2. Verser le sucre dans une casserole à fond épais. À l'aide d'un couteau pointu, fendre la gousse de vanille sur toute sa longueur, gratter l'intérieur et ajouter les graines au sucre.

3. Verser peu à peu le lait et délayer à l'aide d'un fouet.

4. Ajouter le riz, mélanger et mettre à chauffer sur feu doux en remuant régulièrement. Lorsque l'ébullition se prononce, la maintenir à bas régime. Le riz doit ainsi cuire une quarantaine de minutes.

5. Pendant que le riz au lait refroidit hors du feu, préparer le caramel. Dans une casserole, verser le sucre et la moitié du jus de pomme, puis cuire à feu modéré jusqu'à ce que l'ensemble prenne une belle couleur dorée. Retirer du feu, stopper la cuisson en ajoutant le reste du jus de pomme et le beurre salé coupé en petits morceaux. Mélanger énergiquement.

6. Ajouter ce caramel à la totalité du riz au lait ou bien dessiner quelques arabesques sur le dessus et servir le reste en accompagnement.

PRÉPARATION 20 MINUTES – CUISSON 40 MINUTES

riz au lait pomme - cannelle

POUR 8 PETITS POTS

120 g de riz rond demi-complet
100 g de vergeoise blonde
(ou de sucre roux)
1 gousse de vanille
1 l de lait entier
125 g de ricotta

compote de pommes

3 belles pommes acidulées
1 bâton de cannelle
5 cl de jus de pomme

1. Crever le riz : le rincer sous l'eau froide, l'égoutter puis le verser dans l'eau bouillante pour 3 minutes. Égoutter et réserver.

2. Verser le sucre dans une casserole à fond épais. À l'aide d'un couteau pointu, fendre la gousse de vanille sur toute sa longueur, gratter l'intérieur et ajouter les graines au sucre.

3. Verser peu à peu le lait et délayer à l'aide d'un fouet.

4. Ajouter le riz, mélanger le tout puis mettre à chauffer sur feu doux en remuant régulièrement. Lorsque l'ébullition se prononce, la maintenir à bas régime. Le riz doit ainsi cuire une quarantaine de minutes.

5. En fin de cuisson, incorporer la ricotta petit à petit, en mélangeant énergiquement. Retirer du feu.

6. Peler les pommes, les épépiner et les détailler en fines lamelles. Verser le jus de pomme et les fruits dans une casserole, couvrir et faire chauffer sur feu très doux. Surveiller et remuer afin que la compote n'attache pas : les fruits coupés fins vont fondre très vite. Ouvrir l'œil et retirer du feu sitôt cuit. Laisser refroidir.

7. Servir le riz au lait dans un grand plat, la compote à côté, ou bien superposer les deux dans des petits pots individuels.

PRÉPARATION 15 MINUTES – CUISSON 40 MINUTES

riz au lait aux fruits rouges

POUR 8 PETITS POTS

120 g de riz rond
100 g de sucre en poudre
1 gousse de vanille
75 cl de lait
125 g de crème fraîche

coulis

1 barquette de framboises
1 barquette de fraises
le jus de ½ citron

1 blender
1 passoire à mailles fines ou une étamine de coton

1. Crever le riz : le rincer sous l'eau froide, l'égoutter puis le verser dans l'eau bouillante pour 3 minutes. Égoutter et réserver.

2. Verser le sucre et la crème fraîche dans une casserole à fond épais. À l'aide d'un couteau pointu, fendre la gousse de vanille sur toute sa longueur, gratter l'intérieur et ajouter les graines au sucre.

3. Verser peu à peu le lait et délayer à l'aide d'un fouet.

4. Ajouter le riz, mélanger le tout puis mettre à chauffer sur feu doux en remuant régulièrement. Lorsque l'ébullition se prononce, la maintenir à bas régime. Le riz doit ainsi cuire une quarantaine de minutes.

5. Laisser refroidir et préparer le coulis. Laver délicatement les fruits, équeuter les fraises et les couper en deux (en garder quelques-unes entières pour la décoration). Mettre les fruits dans le blender, ainsi que le jus de citron en prenant soin d'en ôter les pépins. Mixer puis filtrer, goûter et rectifier avec plus ou moins de sucre, selon les goûts.

6. Servir le riz au lait avec quelques fraises et un trait de coulis, et proposer le reste en accompagnement.

PRÉPARATION 5 MINUTES – CUISSON 40 MINUTES

nutella + noisettes

Rincer 120 g de riz et le faire cuire 3 minutes dans l'eau bouillante. Égoutter et réserver. Dans une casserole à fond épais, mélanger le riz et 1 litre de lait. Cuire sur feu doux pendant 40 minutes en remuant régulièrement. Aux trois quarts de la cuisson du riz, assouplir 150 g de Nutella avec 1 louche de lait, puis l'ajouter au riz et mélanger. Terminer la cuisson. Au moment de servir, parsemer de noisettes torréfiées.

PRÉPARATION 5 MINUTES – CUISSON 40 MINUTES

caramel + rhum + raisins

Environ 1 heure à l'avance, faire gonfler 100 g de raisins secs dans 10 cl de rhum additionné d'un peu d'eau. Rincer 120 g de riz et le faire cuire 3 minutes dans l'eau bouillante. Égoutter et réserver. Dans une casserole à fond épais, mélanger le riz et 1 litre de lait. Cuire sur feu doux pendant 40 minutes en remuant régulièrement. À mi-cuisson, égoutter les raisins secs et les ajouter au riz, mélanger. Jeter 100 g de caramels dans le riz au dernier moment. Mélanger pour qu'ils fondent un peu, mais pas complètement.

PRÉPARATION 5 MINUTES – CUISSON 40 MINUTES

banane + lait concentré

Rincer 120 g de riz et le faire cuire 3 minutes dans l'eau bouillante. Égoutter et réserver. Dans une casserole à fond épais, mélanger le riz, les graines de 1 gousse de vanille, 75 cl de lait et 250 g de lait concentré. Cuire sur feu doux pendant 40 minutes en remuant régulièrement. Écraser 3 bananes à la fourchette, ajouter 50 g de sucre roux, mélanger et servir avec le riz au lait.

PRÉPARATION 10 MINUTES – CUISSON 40 MINUTES

crème de marrons + vanille + chantilly

Rincer 120 g de riz et le faire cuire 3 minutes dans l'eau bouillante. Égoutter et réserver. Dans une casserole à fond épais, mélanger le riz, 100 g de sucre, les graines de 1 gousse de vanille et 1 litre de lait. Cuire sur feu doux pendant 40 minutes en remuant régulièrement. Incorporer au riz cuit et tiède le contenu de 1 bombe de chantilly. Répartir dans des petits pots 250 g de crème de marrons, recouvrir de riz au lait puis surmonter de chantilly.

PRÉPARATION 10 MINUTES – CUISSON 40 MINUTES

thé vert à la menthe + dattes + fruits secs

Jeter 10 g de thé (ou 5 sachets) et les feuilles de 3 branches de menthe dans 1 litre de lait tiède. Laisser infuser 10 minutes puis filtrer et réserver. Rincer 120 g de riz et le faire cuire 3 minutes dans l'eau bouillante. Égoutter et réserver. Dans une casserole à fond épais, mélanger le riz, 100 g de sucre, 100 g de dattes séchées en lamelles et le lait parfumé. Cuire sur feu doux pendant 40 minutes en remuant régulièrement. Avant de servir, parsemer de 100 g de pignons grillés et des feuilles ciselées de 2 branches de menthe.

PRÉPARATION 5 MINUTES – CUISSON 40 MINUTES

nougat + figues + noix

Rincer 120 g de riz et le faire cuire 3 minutes dans l'eau bouillante. Égoutter et réserver. Dans une casserole à fond épais, mélanger le riz, 100 g de sucre, les graines de 1 gousse de vanille, 100 g de figues séchées en morceaux, 250 g de nougat râpé, 100 g de cerneaux de noix et 1 litre de lait. Cuire sur feu doux pendant 40 minutes en remuant régulièrement. Décorer avec un peu de nougat, de figues et de noix.

PRÉPARATION 10 MINUTES – CUISSON 40 MINUTES

chocolat + noix de coco

Réhydrater 50 g de noix de coco râpée dans le jus de 1 orange pendant 10 minutes. Rincer 120 g de riz et le faire cuire 3 minutes dans l'eau bouillante. Égoutter et réserver. Dans une casserole à fond épais, mélanger le riz, 100 g de sucre, 100 g de chocolat noir, les graines de 1 gousse de vanille et 1 litre de lait. Cuire sur feu doux pendant 40 minutes en remuant régulièrement. Incorporer au riz la noix de coco à l'orange et saupoudrer de 50 g de noix de coco râpée sèche.

PRÉPARATION 10 MINUTES – CUISSON 40 MINUTES

gingembre confit + thé fumé

Jeter 10 g de thé fumé (ou 5 infusettes) dans 1 litre de lait tiède. Laisser infuser 5 minutes, filtrer si besoin et réserver. Rincer 120 g de riz et le faire cuire 3 minutes dans l'eau bouillante. Égoutter et réserver. Dans une casserole à fond épais, mélanger le riz, 100 g de sucre, 100 g de gingembre confit coupé en morceaux et le lait parfumé. Cuire sur feu doux pendant 40 minutes en remuant régulièrement. Décorer des zestes de 1 citron.

PRÉPARATION 5 MINUTES – CUISSON 40 MINUTES

rose + pistache + poivre

Rincer 120 g de riz et le faire cuire 3 minutes dans l'eau bouillante. Égoutter et réserver. Dans une casserole à fond épais, mélanger le riz, 100 g de sucre, les graines de 1 gousse de vanille, 5 cl d'eau de rose et 1 litre de lait. Cuire sur feu doux pendant 40 minutes en remuant régulièrement. Incoroporer 70 g de pétales de roses, mélanger puis laisser refroidir. Poivrer de 1 ou 2 tours de moulin puis décorer avec 30 g de pétales de roses et 100 g de pistaches concassées.

PRÉPARATION 5 MINUTES – CUISSON 40 MINUTES

réglisse + violette + meringue

Rincer 120 g de riz et le faire cuire 3 minutes dans l'eau bouillante. Égoutter et réserver. Dans une casserole à fond épais, mélanger le riz, 100 g de sucre, les graines de 1 gousse de vanille, 1 rouleau de réglisse et 1 litre de lait. Cuire sur feu doux pendant 40 minutes en remuant régulièrement. Napper de sirop de violette et parsemer d'éclats de meringue et de violettes cristallisées.

PRÉPARATION 10 MINUTES – CUISSON 40 MINUTES

café + orange confite + cardamome

RIZ en kit

Rincer 120 g de riz et le faire cuire 3 minutes dans l'eau bouillante. Égoutter et réserver. Dans une casserole à fond épais, mélanger le riz, 100 g de sucre candi brun, 4 cuillères à soupe de café lyophilisé, 5 capsules de cardamome verte, 100 g d'écorces d'orange confites et 1 litre de lait. Cuire sur feu doux pendant 40 minutes en remuant régulièrement. Accompagner de chantilly, de barrettes de pain d'épice et de tranches d'orange fraîches.

PRÉPARATION 5 MINUTES – CUISSON 40 MINUTES

ananas + anis vert + noix de coco

RIZ en kit

Rincer 120 g de riz et le faire cuire 3 minutes dans l'eau bouillante. Égoutter et réserver. Dans une casserole à fond épais, mélanger le riz, 100 g de sucre, ½ cuillère à café d'anis vert en poudre, 5 tranches d'ananas confit en morceaux, 70 g de noix de coco râpée et 1 litre de lait. Cuire sur feu doux pendant 40 minutes en remuant régulièrement. Décorer de noix de coco râpée et d'ananas frais.

PRÉPARATION 20 MINUTES – CUISSON 40 MINUTES

poire, miel & crêpes dentelle

POUR 8 PETITS POTS

120 g de riz rond
1 gousse de vanille
1 pot de miel liquide
1 l de lait
3 belles poires
1 paquet de crêpes dentelle

1. Crever le riz : le rincer sous l'eau froide, l'égoutter puis le verser dans l'eau bouillante pour 3 minutes. Égoutter et réserver.

2. Verser le riz « crevé » dans une casserole à fond épais. À l'aide d'un couteau pointu, fendre la gousse de vanille sur toute sa longueur, gratter l'intérieur et ajouter les graines au riz (conserver la gousse dans un bocal de sucre, elle le parfumera) ainsi que 50 g de miel.

3. Verser un peu de lait et délayer à l'aide d'un fouet, puis verser la totalité du lait.

4. Mettre à chauffer sur feu doux en remuant régulièrement. Lorsque l'ébullition se prononce, la maintenir à bas régime. Le riz doit ainsi cuire une quarantaine de minutes.

5. Peler les poires, les épépiner et les détailler en tranches fines. Réserver.

6. Broyer à la main une dizaine de crêpes dentelle.

7. Servir le riz au lait accompagné des poires, arroser d'un trait de miel et parsemer de brisures de crêpes dentelle. Proposer le reste des biscuits et du miel en accompagnement.

PRÉPARATION 25 MINUTES – CUISSON 40 MINUTES

fraises-rhubarbe
crumble de pain d'épice

POUR 8 PETITS POTS

120 g de riz rond
200 g de cassonade
1 gousse de vanille
1 l de lait
10 tranches de pain d'épice
50 g de beurre
500 g de fraises
2 branches de rhubarbe

1. Crever le riz : le rincer sous l'eau froide, l'égoutter puis le verser dans l'eau bouillante pour 3 minutes. Égoutter et réserver.

2. Verser 100 g de cassonade dans une casserole à fond épais. À l'aide d'un couteau pointu, fendre la gousse de vanille sur toute sa longueur, gratter l'intérieur et ajouter les graines au sucre (conserver la gousse dans un bocal de sucre, elle le parfumera).

3. Verser un peu de lait sur le sucre et délayer à l'aide d'un fouet.

4. Ajouter le riz « crevé » et le reste de lait, mélanger puis mettre à chauffer sur feu doux en remuant régulièrement. Lorsque l'ébullition se prononce, la maintenir à bas régime. Le riz doit ainsi cuire une quarantaine de minutes.

5. Laver les fruits. Équeuter et couper les fraises en deux (en réserver quelques-unes pour l'accompagnement). Éplucher la rhubarbe et la couper en tronçons. Placer les fruits et 50 g de cassonade dans une casserole et laisser compoter sur feu doux. Mélanger ensuite au riz au lait.

6. Faire fondre le beurre dans une poêle. Quand il devient noisette, incorporer le pain d'épice émietté et faire chauffer sans cesser de mélanger. Une fois le beurre absorbé et le biscuit chaud, verser les 50 g de cassonade restant et tourner rapidement, jusqu'à ce que le pain d'épice caramélise et devienne croustillant.

7. Incorporer la moitié du pain d'épice au riz au lait juste avant de servir (pour qu'il ne s'imbibe pas trop). Répartir dans des ramequins, verser une cuillère à soupe de pain d'épice sur chaque pot et décorer des fraises restantes.

C'est encore meilleur quand le pain d'épice est tout chaud !

PRÉPARATION 5 MINUTES – CUISSON 40 MINUTES

chocolat, thym
& muesli croquant

POUR 8 PETITS POTS

120 g de riz rond
100 g de sucre en poudre
1 l de lait
2 branches de thym
100 g de chocolat
200 g de müesli au chocolat

1. Porter le lait à ébullition, y jeter le thym et laisser infuser à couvert 10 bonnes minutes. Filtrer.

2. Crever le riz : le rincer sous l'eau froide, l'égoutter puis le verser dans l'eau bouillante pour 3 minutes. Égoutter et réserver.

3. Verser le sucre dans une casserole à fond épais. Ajouter un peu de lait et délayer à l'aide d'un fouet.

4. Ajouter le riz « crevé » et le reste de lait, mélanger le tout et mettre à chauffer sur feu doux en remuant régulièrement. Lorsque l'ébullition se prononce, la maintenir à bas régime. Le riz doit ainsi cuire une quarantaine de minutes.

5. Incorporer les deux tiers du muesli au riz au lait tiède.

6. Faire fondre le chocolat au bain-marie puis en verser un peu sur chaque part de riz. Parsemer du muesli restant.

S'il vous en reste, proposer de la sauce chocolat à part, ainsi que du muesli.

PRÉPARATION 15 MINUTES – CUISSON 40 MINUTES

goût tarte au citron
avec des traou mad

POUR 8 PETITS POTS

120 g de riz rond
1 gousse de vanille
100 g de sucre en poudre
1 l de lait

crème au citron

1 citron et demi
3 œufs
30 g de sucre en poudre
125 g de crème fraîche

10 palets bretons (Traou Mad de Pont-Aven)

1. Crever le riz : le rincer sous l'eau froide, l'égoutter puis le verser dans l'eau bouillante pour 3 minutes. Égoutter et réserver.
2. Verser le sucre dans une casserole à fond épais. À l'aide d'un couteau pointu, fendre la gousse de vanille sur toute sa longueur, gratter l'intérieur et ajouter les graines au sucre (conserver la gousse dans un bocal de sucre, elle le parfumera).
3. Verser un peu de lait sur le sucre et délayer à l'aide d'un fouet.
4. Ajouter le riz « crevé » et le reste de lait, mélanger le tout, puis mettre à chauffer à feu doux en remuant régulièrement. Lorsque l'ébullition se prononce, la maintenir à bas régime. Le riz doit ainsi cuire une quarantaine de minutes.
5. Presser les citrons. Verser le jus dans une casserole et ajouter le sucre. Faire bouillir 5 bonnes minutes puis laisser tiédir.
6. Ajouter la crème fraîche et les œufs préalablement battus. Mélanger et faire cuire à feu doux sans cesser de remuer afin que le mélange épaississe lentement sans attacher.
7. Incorporer la crème citronnée au riz au lait. Bien mélanger et réserver au frais.
8. Émietter les palets et en parsemer le riz au lait au moment de servir.

Variante express
Remplacer la crème au citron maison par 250 g de lemon curd.

PRÉPARATION 20 MINUTES – CUISSON 40 MINUTES – REPOS 1 HEURE

façon cheese-cake
avec beaucoup de fruits secs

POUR 8 PETITS POTS

120 g de riz rond
1 gousse de vanille
100 g de sucre en poudre
1 l de lait
100 g d'abricots secs
50 g d'amandes effilées
20 g de noisettes concassées
20 g de pistaches

crème

125 g de ricotta
125 g de mascarpone
50 g de sucre en poudre
le zeste de ½ citron
2 œufs

1 douzaine de spéculoos

1. Crever le riz : le rincer sous l'eau froide, l'égoutter puis le verser dans l'eau bouillante pour 3 minutes. Égoutter et réserver.

2. Verser le sucre et les abricots coupés dans une casserole à fond épais. À l'aide d'un couteau pointu, fendre la gousse de vanille sur toute sa longueur, gratter l'intérieur et ajouter les graines au sucre (conserver la gousse dans un bocal de sucre, elle le parfumera).

3. Verser un peu de lait sur le sucre et délayer à l'aide d'un fouet.

4. Ajouter le riz « crevé » et le reste de lait, mélanger le tout puis mettre à chauffer à feu doux en remuant régulièrement. Lorsque l'ébullition se prononce, la maintenir à bas régime. Le riz doit ainsi cuire une quarantaine de minutes.

5. Environ 10 minutes avant la fin de cuisson du riz, préparer la crème. Dans un bol, fouetter la ricotta avec le mascarpone et le sucre, en un mélange bien lisse. Ajouter peu à peu les œufs battus puis le zeste de citron.

6. Ajouter la crème au riz au lait. Fouetter sans cesse sur feu doux pendant 5 minutes jusqu'à ce que le mélange épaississe. Retirer du feu et laisser tiédir.

7. Torréfier les amandes, les noisettes et les pistaches, et les incorporer au riz au lait. Réserver au réfrigérateur 1 bonne heure.

8. Servir le riz au lait « façon cheese-cake », parsemé des spéculoos émiettés.

PRÉPARATION 10 MINUTES – CUISSON 40 MINUTES

framboise
thé matcha & chocolat blanc

POUR 8 PETITS POTS

120 g de riz rond
1 l de lait
100 g de sucre en poudre
20 g de thé matcha
100 g de chocolat blanc
50 g de crème fraîche
250 g de framboises

1. Crever le riz : le rincer sous l'eau froide, l'égoutter puis le verser dans l'eau bouillante pour 3 minutes. Égoutter et réserver.

2. Verser le sucre dans une casserole à fond épais. Allonger avec un peu de lait puis fouetter en versant au fur et à mesure le reste du lait.

3. Ajouter le riz « crevé », mélanger le tout puis mettre à chauffer à feu doux en remuant régulièrement. Lorsque l'ébullition se prononce, la maintenir à bas régime. Le riz doit ainsi cuire une quarantaine de minutes.

4. À mi-cuisson, verser le thé matcha dans un bol. Prélever une louche de lait dans la casserole et l'ajouter petit à petit au thé, en fouettant constamment afin de le faire mousser. Incorporer ce mélange au riz au lait et poursuivre la cuisson.

5. Un peu avant de servir, préparer un bain-marie. Faire fondre lentement, à feu doux, le chocolat et la crème. Rester vigilant, le chocolat blanc a une fâcheuse tendance à cuire.

6. Passer délicatement les framboises sous l'eau puis les égoutter.

7. Servir le riz au lait recouvert de framboises et de chocolat fondu, ou bien proposer les framboises et le chocolat à part.

PRÉPARATION 15 MINUTES – CUISSON 40 MINUTES + 5 MINUTES

cerises
& romarin

POUR 8 PETITS POTS

120 g de riz rond
100 g de sucre en poudre
1 gousse de vanille
1 l de lait

poêlée de cerises

500 g de cerises
½ branche de romarin
20 g de beurre

1. Crever le riz : le rincer sous l'eau froide, l'égoutter puis le verser dans l'eau bouillante pour 3 minutes. Égoutter et réserver.

2. Verser le sucre dans une casserole à fond épais. À l'aide d'un couteau pointu, fendre la gousse de vanille sur toute sa longueur, gratter l'intérieur et ajouter les grains au sucre (conserver la gousse dans un bocal de sucre, elle le parfumera).

3. Verser un peu de lait sur le sucre et délayer à l'aide d'un fouet.

4. Ajouter le riz « crevé » et le reste de lait, mélanger le tout puis mettre à chauffer à feu doux en remuant régulièrement. Lorsque l'ébullition se prononce, la maintenir à bas régime. Le riz doit ainsi cuire une quarantaine de minutes.

5. Laver et dénoyauter les cerises. Faire chauffer le beurre dans une poêle. Quand il commence à dorer, jeter les cerises entières et le romarin en feuilles. Cuire à feu doux environ 5 minutes, les cerises doivent juste s'amollir sous la chaleur. Les retirer du feu avant qu'elles ne succombent.

6. Servir le riz au lait accompagné de la poêlée de cerises bien chaude.

PRÉPARATION 15 MINUTES – CUISSON 40 MINUTES

pommes cidrées
& confiture de lait

POUR 8 PETITS POTS
120 g de riz rond demi-complet
1 pot de confiture de lait
1 l de lait

pommes cidrées
3 pommes type granny smith
20 g de beurre
10 cl de cidre brut

1. Crever le riz : le rincer sous l'eau froide, l'égoutter puis le verser dans l'eau bouillante pour 3 minutes. Égoutter et réserver.

2. Verser 100 g de confiture de lait dans une casserole à fond épais. Délayer avec un peu de lait puis fouetter.

3. Ajouter le riz « crevé » et le reste de lait, mélanger le tout puis mettre à chauffer sur feu doux en remuant régulièrement. Lorsque l'ébullition se prononce, la maintenir à bas régime. Le riz doit ainsi cuire une quarantaine de minutes.

4. Peler les pommes, les épépiner et les couper en lamelles.

5. Faire chauffer le beurre dans une poêle puis faire revenir les pommes à feu doux. En fin de cuisson, quand les pommes sont dorées des deux côtés, verser le cidre et laisser réduire.

6. Servir le riz au lait accompagné des pommes « cidrées » et de confiture de lait.

Délicieux avec une bolée de cidre.

PRÉPARATION 15 MINUTES – CUISSON 40 MINUTES

fraises
vinaigre balsamique & basilic

POUR 8 PETITS POTS
120 g de riz rond
100 g de sucre en poudre
1 gousse de vanille
1 l de lait

poêlée de fraises

500 g de fraises
10 cl de vinaigre balsamique
20 g de beurre
quelques feuilles de basilic

1. Crever le riz : le rincer sous l'eau froide, l'égoutter puis le verser dans l'eau bouillante pour 3 minutes. Égoutter et réserver.

2. Verser le sucre dans une casserole à fond épais. À l'aide d'un couteau pointu, fendre la gousse de vanille sur toute sa longueur, gratter l'intérieur et ajouter les graines au sucre (conserver la gousse dans un bocal de sucre, elle le parfumera).

3. Verser un peu de lait sur le sucre et délayer à l'aide d'un fouet.

4. Ajouter le riz « crevé » et le reste de lait, mélanger le tout puis mettre à chauffer à feu doux en remuant régulièrement. Lorsque l'ébullition se prononce, la maintenir à bas régime. Le riz doit ainsi cuire une quarantaine de minutes.

5. Équeuter les fraises et couper les plus grosses en deux.

6. Ciseler le basilic et l'incorporer au riz au lait (en garder un peu pour le décor).

7. Faire chauffer le beurre dans une poêle puis faire revenir les fraises à feu doux, juste 2 à 3 minutes afin qu'elles restent entières. En fin de cuisson, déglacer avec le vinaigre balsamique.

8. Servir le riz au lait sur des assiettes, disposer les fraises à côté et décorer de basilic.

PRÉPARATION 25 MINUTES – CUISSON 40 MINUTES + 10 MINUTES

comme un carrot cake

carottes, amandes & quatre-épices

POUR 8 PETITS POTS
120 g de riz rond
100 g de cassonade (ou de sucre muscovado)
1,25 l de lait
1 cuillère à café de quatre-épices
100 g de poudre d'amandes
100 g d'amandes effilées
250 g de carottes
1 l de lait
50 g de sucre en poudre

glaçage
20 g de sucre glace
le jus de 1 orange

1. Peler les carottes, les couper en tronçons puis les faire cuire dans le lait sucré jusqu'à ce qu'elles soient tendres (compter 15 minutes).

2. Crever le riz : le rincer sous l'eau froide, l'égoutter puis le verser dans l'eau bouillante pour 3 minutes. Égoutter et réserver.

3. Verser la cassonade et le quatre-épices dans une casserole à fond épais. Allonger avec un peu de lait puis fouetter.

4. Ajouter le riz « crevé », la poudre d'amandes et le reste de lait. Mélanger le tout puis mettre à chauffer sur feu doux en remuant régulièrement. Lorsque l'ébullition se prononce, la maintenir à bas régime. Le riz doit ainsi cuire une quarantaine de minutes.

5. Égoutter les carottes puis les écraser à la fourchette. Les mélanger au riz tiédi.

6. Préparer le glaçage en mélangeant le sucre glace et le jus d'orange.

7. Faire griller les amandes effilées à sec. Déposer un peu de glaçage sur chaque part de riz au lait et parsemer d'amandes torréfiées.

Au goûter, avec une salade d'oranges et du fromage blanc… Un délice !

PRÉPARATION 10 MINUTES – CUISSON 40 MINUTES

betterave
algues & orange

POUR 8 PETITS POTS
120 g de riz rond
1 gousse de vanille
50 g de sucre en poudre
1 l de lait
2 oranges non traitées
2 cuillères à soupe d'algues en paillettes (nori ou dulce, au rayon bio)
4 betteraves cuites

1. Laver puis prélever le zeste des oranges, réserver.

2. Crever le riz : le rincer sous l'eau froide, l'égoutter puis le verser dans l'eau bouillante pour 3 minutes. Égoutter et réserver.

3. Verser le sucre dans une casserole à fond épais. À l'aide d'un couteau pointu, fendre la gousse de vanille sur toute sa longueur, gratter l'intérieur et ajouter les graines au sucre (conserver la gousse dans un bocal de sucre, elle le parfumera).

4. Verser un peu de lait sur le sucre et délayer à l'aide d'un fouet.

5. Ajouter le riz « crevé », les zestes d'orange, les deux tiers des algues et le reste de lait. Mélanger le tout puis mettre à chauffer sur feu doux en remuant régulièrement. Lorsque l'ébullition se prononce, la maintenir à bas régime. Le riz doit ainsi cuire une quarantaine de minutes.

6. Couper les betteraves en tranches puis les écraser à la fourchette. En remplir des verrines ou des ramequins jusqu'à mi-hauteur. Compléter avec le riz au lait tiédi et parsemer de paillettes d'algues.

Ce riz est parfait à l'apéritif ou pour une petite entrée.

PRÉPARATION 20 MINUTES – CUISSON 40 MINUTES

lait de coco

mangue + curry + cajou

POUR 8 PETITS POTS
120 g de riz rond complet
50 cl de lait
50 cl de lait de coco
2 cuillères à café de curry
2 belles mangues fermes
10 g de beurre
100 g de noix de cajou non salées

1. Couper les mangues dans la longueur de part et d'autre du noyau, les peler puis couper des tranches d'un bon centimètre d'épaisseur. Réserver.

2. Crever le riz : le rincer sous l'eau froide, l'égoutter puis le verser dans l'eau bouillante pour 3 minutes. Égoutter et réserver.

3. Verser le lait de coco et le curry dans une casserole à fond épais puis fouetter.

4. Ajouter le riz « crevé » et le lait. Mélanger le tout puis mettre à chauffer sur feu doux en remuant régulièrement. Lorsque l'ébullition se prononce, la maintenir à bas régime. Le riz doit ainsi cuire une quarantaine de minutes.

5. Environ 10 minutes avant la fin de la cuisson, poêler les mangues dans le beurre. Réserver au chaud.

6. Faire griller les noix de cajou à sec dans une poêle.

7. Servir le riz bien chaud accompagné des mangues et parsemé de noix de cajou.

Servir à l'apéritif avec les mangues en minibrochettes,
ou en plat principal avec du poulet grillé.
Ajouter éventuellement de la noix de coco râpée.

PRÉPARATION 15 MINUTES – CUISSON 40 MINUTES

lait de chèvre

feta + figues + huile d'olive vanillée

POUR 8 PERSONNES
120 g de riz rond
1 l de lait de chèvre
250 g de feta
50 g de figues sèches
8 figues fraîches
50 cl d'huile d'olive
1 gousse de vanille

1. La veille, à l'aide d'un couteau pointu, fendre la gousse de vanille sur toute sa longueur, gratter l'intérieur et ajouter les grains à l'huile d'olive. En remplir un pot ou une petite bouteille, fermer et laisser infuser.

2. Le jour même, couper les figues sèches en fines lamelles. Réserver.

3. Crever le riz : le rincer sous l'eau froide, l'égoutter puis le verser dans l'eau bouillante pour 3 minutes. Égoutter et réserver.

4. Verser le riz « crevé » dans une casserole à fond épais. Ajouter le lait puis mélanger le tout. Mettre à chauffer sur feu doux en remuant régulièrement. Lorsque l'ébullition se prononce, la maintenir à bas régime. Le riz doit ainsi cuire une quarantaine de minutes.

5. À mi-cuisson, incorporer les figues sèches puis mélanger énergiquement. Remuer régulièrement.

6. Écraser la feta à la fourchette et l'incorporer au riz tiédi. Réserver au frais.

7. Un peu avant de servir, rincer les figues fraîches et les couper en deux.

8. Déguster le riz comme un fromage, accompagné des figues fraîches et nappé d'huile vanillée.

Si le lait de chèvre vous fait peur, utilisez du lait de vache.

PRÉPARATION 30 MINUTES – CUISSON 40 MINUTES

crêpes de riz au lait
à la fleur d'oranger

POUR 8 CRÊPES
60 g de riz rond
50 cl de lait
½ gousse de vanille
50 g de sucre en poudre

pâte à crêpes
125 g de farine
2 œufs
50 cl de lait
5 cl d'eau de fleur d'oranger
1 pincée de sel
50 g de sucre en poudre
10 g de beurre

1 pot de marmelade d'oranges

1 poêle à blinis

le riz au lait

1. Crever le riz : le rincer sous l'eau froide, l'égoutter puis le verser dans l'eau bouillante pour 3 minutes. Égoutter et réserver.

2. Verser le sucre dans une casserole à fond épais. À l'aide d'un couteau pointu, fendre la gousse de vanille sur toute sa longueur, gratter l'intérieur et ajouter les graines au sucre (conserver la gousse dans un bocal de sucre, elle le parfumera).

3. Verser un peu de lait sur le sucre et délayer à l'aide d'un fouet.

4. Ajouter le riz « crevé » et le reste de lait, mélanger le tout puis mettre à chauffer à feu doux en remuant régulièrement. Lorsque l'ébullition se prononce, la maintenir à bas régime. Le riz doit ainsi cuire une quarantaine de minutes. Laisser tiédir.

la pâte à crêpes

1. Dans un récipient, verser la farine, le sel et le sucre. Faire un puits, y casser les œufs et mélanger énergiquement.

2. Incorporer le lait au fur et à mesure pour délayer progressivement la pâte, puis ajouter l'eau de fleur d'oranger.

les crêpes de riz

1. Mélanger la pâte à crêpes et le riz au lait.

2. Chauffer la poêle à blinis beurrée et enchaîner la cuisson des crêpes. Verser suffisamment de pâte pour obtenir des crêpes de l'épaisseur d'un blinis. Une fois la première face bien dorée, retourner délicatement la crêpe et faire dorer l'autre côté. Lorsque les crêpes sont cuites, les maintenir au chaud entre deux assiettes.

3. Servir accompagné de marmelade d'oranges.

PRÉPARATION 30 MINUTES – CUISSON 40 MINUTES – REPOS 6 HEURES

glace de riz au lait
compote pêche-verveine

POUR 8 PERSONNES
100 g de riz rond
1 l de lait
1 gousse de vanille
100 g de sucre en poudre
20 cl de crème fleurette

compote de pêches

4 belles pêches
10 g de feuilles de verveine odorante (5 sachets)

1 blender
1 chinois

le riz au lait

1. Crever le riz : le rincer sous l'eau froide, l'égoutter puis le verser dans l'eau bouillante pour 3 minutes. Égoutter et réserver.

2. Verser le sucre dans une casserole à fond épais. À l'aide d'un couteau pointu, fendre la gousse de vanille sur toute sa longueur, gratter l'intérieur et ajouter les grains au sucre (conserver la gousse dans un bocal de sucre, elle le parfumera).

3. Verser un peu de lait sur le sucre et délayer à l'aide d'un fouet.

4. Ajouter le riz « crevé » et le reste de lait, mélanger le tout puis mettre à chauffer à feu doux en remuant régulièrement. Lorsque l'ébullition se prononce, la maintenir à bas régime. Le riz doit ainsi cuire une quarantaine de minutes.

la glace

1. Verser le riz au lait dans le blender, mixer. Filtrer la préparation, la remettre dans le blender et ajouter la crème fleurette. Mixer et filtrer de nouveau.

2. Placer au congélateur pour 1 h 30. Renouveler l'opération (mixer-filtrer) 3 fois à intervalles de 1 h 30. Replacer au congélateur après chaque manipulation.

la compote

1. Peler les pêches, les couper en morceaux et les placer dans une casserole.

… **avec des feuilles de verveine**

2. Ajouter la verveine et faire fondre le tout doucement à couvert (10 minutes environ). Retirer les feuilles de verveine les plus grandes et laisser refroidir.

… **avec des sachets**

2. Laisser compoter les pêches à couvert et sur feu doux, puis, hors du feu, y faire infuser les sachets à couvert (15 minutes). Retirer et laisser refroidir.

Servir la glace accompagnée de compote de pêches.

PRÉPARATION 30 MINUTES – CUISSON 40 MINUTES

espuma de riz au lait à la rose
framboises & compote de litchis

POUR 8 PERSONNES
60 g de riz rond
50 cl de lait
½ gousse de vanille
30 g de sucre en poudre
5 cl d'eau de rose
20 g de pétales de roses cristallisés
25 cl de crème fleurette
4 g d'agar-agar en poudre, prêt à l'emploi
250 g de litchis décortiqués
250 g de framboises

1 blender
1 chinois
1 siphon

le riz au lait

1. Crever le riz : le rincer sous l'eau froide, l'égoutter puis le verser dans l'eau bouillante pour 3 minutes. Égoutter et réserver.

2. Verser le sucre dans une casserole à fond épais. À l'aide d'un couteau pointu, fendre la gousse de vanille sur toute sa longueur, gratter l'intérieur et ajouter les graines au sucre (conserver la gousse dans un bocal de sucre, elle le parfumera).

3. Verser un peu de lait sur le sucre et délayer à l'aide d'un fouet.

4. Ajouter le riz « crevé », le reste de lait, l'eau de rose et les pétales de roses, mélanger puis faire chauffer à feu doux pendant 40 minutes en remuant régulièrement. Lorsque l'ébullition se prononce, la maintenir à bas régime.

5. Environ 5 minutes avant la fin de la cuisson, ajouter l'agar-agar et bien mélanger.

l'espuma

1. Mixer le riz dans le blender, filtrer, ajouter la crème fleurette et mixer de nouveau. Filtrer puis réserver.

2. Verser la préparation dans le siphon, insérer une cartouche de gaz, secouer et placer le siphon couché au réfrigérateur.

les fruits

1. Mettre la chair des litchis dans une casserole et faire fondre à couvert 10 minutes. Si les fruits ne sont pas assez juteux, ajouter un peu d'eau. Réserver.

2. Passer les framboises sous l'eau froide.

Sortir le siphon au moment de dresser. Déposer un peu des trois ingrédients sur des assiettes ou garnir des verrines, selon l'envie.

PRÉPARATION 30 MINUTES – CUISSON 40 MINUTES

île flottante de riz au lait
aux pralines roses

POUR 8 PERSONNES
60 g de riz rond
50 cl de lait
½ gousse de vanille
50 g de pralines roses

île flottante

4 blancs d'œufs
1 pincée de sel
80 g de sucre glace

crème anglaise

80 g de sucre en poudre
3 jaunes d'œufs
25 cl de lait
½ gousse de vanille
20 g de pralines roses

1 fouet électrique
1 chinois
papier sulfurisé

le riz au lait

1. Crever le riz : le rincer sous l'eau froide, l'égoutter puis le verser dans l'eau bouillante pour 3 minutes. Égoutter et réserver.

2. Verser le sucre dans une casserole à fond épais. À l'aide d'un couteau pointu, fendre la gousse de vanille sur toute sa longueur, gratter l'intérieur et ajouter les grains au sucre (conserver la gousse dans un bocal de sucre, elle le parfumera).

3. Verser un peu de lait sur le sucre et délayer à l'aide d'un fouet.

4. Ajouter le riz « crevé », les pralines roses et le reste de lait, mélanger et mettre à chauffer à feu doux en remuant régulièrement. Lorsque l'ébullition se prononce, la maintenir à bas régime. Le riz doit ainsi cuire une quarantaine de minutes.

l'île flottante

1. Préchauffer le four à 200 °C.

2. Monter les œufs en neige avec le sel, en versant le sucre glace petit à petit. Fouetter lentement puis augmenter la vitesse. Les blancs doivent être bien fermes.

3. À l'aide d'une spatule, les incorporer délicatement au riz au lait.

4. Placer une feuille de papier sulfurisé sur la plaque du four. Disposer côte à côte mais en les espaçant suffisamment (les blancs gonflent en cuisant) de belles cuillères à soupe d'œufs à la neige. Enfourner pour 8 minutes.

la crème anglaise

1. Dans une casserole, faire chauffer le lait, les graines de vanille et les pralines concassées. Dès que les pralines sont fondues, filtrer et remettre sur le feu.

2. Battre les jaunes et le sucre, puis ajouter le lait bouillant. Délayer, remettre sur feu doux et remuer doucement jusqu'au point d'ébullition. Laisser tiédir.

Servir les îles flottantes nappées de crème anglaise.

PRÉPARATION 15 MINUTES – REPOS 30 MINUTES – CUISSON 40 MINUTES + 25 MINUTES

tarte au riz au lait

juste nature

POUR 8 PERSONNES
60 g de riz rond
50 cl de lait
½ gousse de vanille
100 g de sucre en poudre
2 œufs
poudre à flan (dose pour 50 cl)

pâte à tarte sablée
250 g de farine
125 g de beurre
2 jaunes d'œufs
80 g de sucre en poudre
5 cl de lait
1 pincée de sel

la pâte sablée

1. Fouetter le sucre et les jaunes d'œufs jusqu'à ce que le mélange blanchisse.
2. Dans un saladier, verser la farine et le sel, parsemer de morceaux de beurre mou et travailler la pâte en croisant les doigts (unir le beurre à la farine sans trop pétrir). Verser dessus le mélange sucre-œufs, le lait et finir de pétrir.
3. Former délicatement une boule, entourer de film alimentaire et laisser reposer 30 minutes. Préchauffer le four à 180 °C-200 °C.

le riz au lait

1. Crever le riz : le rincer sous l'eau froide, l'égoutter puis le verser dans l'eau bouillante pour 3 minutes. Égoutter et réserver.
2. Verser le sucre dans une casserole à fond épais. À l'aide d'un couteau pointu, fendre la gousse de vanille sur toute sa longueur, gratter l'intérieur et ajouter les graines au sucre (conserver la gousse dans un bocal de sucre, elle le parfumera).
3. Verser un peu de lait sur le sucre et délayer à l'aide d'un fouet.
4. Ajouter le riz « crevé » et le reste de lait, mélanger le tout puis mettre à chauffer à feu doux en remuant régulièrement. Lorsque l'ébullition se prononce, la maintenir à bas régime. Le riz doit ainsi cuire une quarantaine de minutes.
5. Environ 10 minutes avant la fin de la cuisson, fouetter la poudre à flan et les œufs. Ajouter une louche de lait puis incorporer au riz au lait et bien mélanger.

la tarte au riz

1. Beurrer le moule à tarte, étaler la pâte, piquer le fond à l'aide d'une fourchette.
2. Étaler le riz et enfourner pour 25 bonnes minutes (la pâte doit être dorée).

Accompagner de compote, de chantilly… et servir avec un chocolat chaud.

REMERCIEMENTS

À mes quatre becs sucrés, Jules, Savannah, Mathilde et Philippe. Merci d'être toujours volontaires pour tout goûter.
À ma maman, pour tous ses conseils avisés.
Merci beaucoup à Élodie et à Olivier, mes coéquipiers.
À l'équipe de Marabout, un très grand merci pour ce désir de faire.
Et un clin d'œil à Clément « the king of riz au lait »...

SHOPPING

MUD AUSTRALIA www.mudaustralia.com
RINA MENARDI www.rinamenardi.com
ATMOSPHERE D'AILLEURS www.atmospheredailleurs.com
WECK www.techna.tm.fr

Tous droits réservés. Toute reproduction ou utilisation de l'ouvrage sous quelque forme et par quelque moyen électronique, photocopie, enregistrement ou autre que ce soit, est strictement interdite sans l'autorisation de l'éditeur.

© Hachette Livre (Marabout) 2010
Dépôt légal : octobre 2010
ISBN 978-2-501-069571
4063228/01
Imprimé en Espagne par Graficas Estella

MILK